Índice

¿Puedes encontrar estas palabras?

carroñean

clan

crin

presa

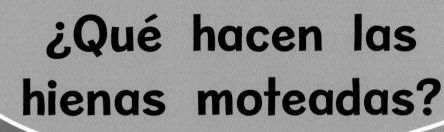

¿Qué hacen las hienas moteadas?

Las hienas moteadas son mamíferos africanos.

3

La hiena moteada tiene una **crin**.

Su pelaje tiene motas.

Las hienas moteadas **carroñean** animales muertos.

carroñean

6

También cazan.

Las hienas moteadas cazan **presas**, como hipopótamos y aves.

presa

Sólo comen carne.

9

Las hienas moteadas viven en un **clan**.

clan

Una hembra dominante lidera el clan.

¡Las hienas moteadas gritan y chillan!

Hacen un sonido de risa.

¿Encontraste estas palabras?

Las hienas moteadas **carroñean** animales muertos.

Las hienas moteadas viven en un **clan**.

La hiena moteada tiene una **crin**.

Las hienas moteadas cazan **presas** como hipopótamos y aves.

Glosario fotográfico

 **carroñear**: alimentarse de animales muertos.

 **clan**: grupo de personas o animales que viven juntos.

 **crin**: pelo largo y grueso que crece en el cuello, hombros y cabeza de un animal, como un caballo o una jirafa.

 **presa**: un animal cazado por otro para alimentarse.

Índice analítico

Sobre la autora

Lisa Jackson es una escritora de Ohio. Le gustaría visitar África algún día, especialmente para ver sus increíbles animales. Por ahora, le gusta alimentar a las jirafas en el zoológico de Columbus.

www.rourkeeducationalmedia.com

PHOTO CREDITS: cover: ©subinpumsom; pages 2, 10, 14, 15: ©By costas anton dumitrescu; pages 2, 4, 14, 15: ©PhotocechCZ; pages 2, 9, 14, 15: ©invisiblewl; pages 2, 6, 14, 15: ©Claire E Carter; page 3: ©Dennis Stogsdill; page 5: ©wrangel; page 9: ©StuPorts; page 12: ©apple2499; page 13: ©Mark Bridger

Edición: Keli Sipperley
Diseño de la tapa: Rhea Magaro-Wallace
Diseño de los interiores: Kathy Walsh
Traducción: Santiago Ochoa
Edición en español: Base Tres

Library of Congress PCN Data
Hiena moteada / Lisa Jackson y Santiago Ochoa
Animales africanos
ISBN 978-1-73162-933-3 (hard cover - spanish)(alk. paper)
ISBN 978-1-73162-925-8 (soft cover - spanish)
ISBN 978-1-73162-939-5 (e-Book - spanish)
ISBN 978-1-73163-362-0 (ePub - spanish)
ISBN 978-1-73160-562-7 (hard cover - english)(alk. paper)
ISBN 978-1-73160-448-4 (soft cover - english)
ISBN 978-1-73160-611-2 (e-Book - english)
ISBN 978-1-73160-685-3 (ePub - english)
Library of Congress Control Number: 2019945779

Printed in the United States of America,
North Mankato, Minnesota